PLIGHT ¦ CRUACHÁS

Do Phyl Herbert

Celia de Fréine

PLIGHT ¦ CRUACHÁS

a one act play ¦ dráma aon ghníomh

ARLEN HOUSE

PLIGHT ¦ CRUACHÁS

is published in 2012 by/Foilsithe i 2012 ag
ARLEN HOUSE
42 Grange Abbey Road
Baldoyle
Dublin 13
Ireland
Fón/Facs: 00 353 86 8207617
Ríomhphost: arlenhouse@gmail.com
arlenhouse.blogspot.com

International distribution/Dáileoirí idirnáisiúnta
SYRACUSE UNIVERSITY PRESS
621 Skytop Road, Suite 110
Syracuse, NY 13244–5290
Fón: 315–443–5534/Facs: 315–443–5545
Ríomhphost: supress@syr.edu
www.syracuseuniversitypress.syr.edu

ISBN 978–1–85132–059–2, hardback/crua
978–1–85132–060–8, paperback/bog, 2013

Clóchur ¦ Arlen House
Priontáil ¦ Brunswick Press
'Purple Iris in Tuscany' ¦ Poppy Melia
Gouache on Handmade Paper, 790mm x 560mm, 1992
www.poppymelia.com

Tá Arlen House buíoch de
Chlár na Leabhar Gaeilge
agus d'Fhoras na Gaeilge

Foras na Gaeilge

Contents ¦ Clár

FOREWORD

Were *The Midnight Court* to be reconvened in this day and age, what problems would be up for discussion? What are the sexual mores that cry out for assessment by an otherworld force?

This contemporary *Aisling* imagines an ancient but recently-discovered tribe, living on the margins of Irish society, who practise their own customs and in so doing ignore at times the rules of the country in which they are living. In trying to protect their younger generation from a society they deem out of control, parents encourage their offspring to marry within the tribe while still in their teens.

The problems faced by such young people, were such a tribe to exist, are explored in this play.

Cruachás was written in honour of Brian Merriman in 2005, two hundred years after his death. It was revised and translated into English in 2012 as Part III of the *Lorg Merriman* project.

Réamhrá

Dá n-ationólfaí *Cúirt an Mheán Oíche* san am i láthair, céard iad na fadhbanna a bheadh le plé inti? Céard iad na nósanna gnéasacha gur chóir a mheas ag fórsa neamhshaolta?

San aisling chomhaimseartha seo samhlaítear treibh ársa, a dtángthas orthu le deireanaí, a bhfuil cónaí orthu ar imeall na sochaí Éireannaí, a chleachtann a ndeasghnátha féin agus, dá réir sin, a dhéanann beagchúram de rialacha na tíre ina bhfuil cónaí orthu. Ag féachaint lena glúin óg a chosaint ó shochaí atá imithe ó smacht, dar leo, spreagann tuismitheoirí a sliocht chun pósadh laistigh den treibh agus iad fós sna déaga.

Iniúchann an dráma seo na fadhbanna a mbeadh ar a leithéid d'óige aghaidh a thabhairt orthu, dá mba ann dá leithéid de threibh.

Scríobhadh *Cruachás* i 2005 in ómós do Bhrian Merriman dhá chéad bliain tar éis a bháis. Athchóiríodh agus aistríodh go Béarla é i 2012 mar Chuid III den tionscadal *Lorg Merriman.*

Plight ¦ Cruachás

CHARACTERS

SÍLE	Teacher, a dedicated woman in her forties
THE BAILIFF	A garrulous woman in her fifties
ÁINE	The Plaintiff, an attractive determined girl in her late teens
JAIMSÍ	The Defendant, an attractive clueless youth in his late teens
THE JUDGE	An otherworld sophisticated woman, Síle's *alter ego*, in her forties

THE SET

A desk which can be used by both Síle and the Judge. A raised area from which the characters plead their case. Chairs, stools, papers, pages.

NOTES

Though this play requires other characters, mostly young men and women, images projected onto a screen, along with appropriate soundtrack and lighting, may suffice in their stead.

Alternately, the play may be produced using extras.

It is envisaged that the Judge is Síle's *alter ego* and that her judgment reflects Síle's true feeling about her pupils, the judgment she would like to see delivered and the penalties imposed.

PEARSANA

SÍLE	Múinteoir, bean dhíograiseach sna ceathrachaidí
AN BÁILLE	Bean chlabach sna caogaidí
ÁINE	An tÉilitheoir, cailín tarraingteach ceanndóchasach sna déaga arda
JAIMSÍ	An Cosantóir, ógánach tarraingteach, dall ar an scéal, sna déaga arda
AN BREITHEAMH	Bean neamhshaolta shofaisticiúil, *alter ego* Shíle, sna ceathrachaidí

AN SEIT

Deasc gur féidir le Síle nó leis an mBreitheamh úsáid a bhaint aisti. Ardán óna bpléadálann na carachtair a gcás. Cathaoireacha, stólta, páipéir, leathanaigh.

NÓTAÍ

Cé go bhfuil carachtair eile ag teastáil don dráma seo, mná agus leaids óga d'fhormhór, is leor íomhánna teilgthe ar scáileán chuige seo, mar aon le fuaimrian agus soilse cuí.

Ina áit sin, is féidir an dráma a léiriú le haisteoirí breise san áireamh.

Samhlaítear gur *alter ego* Shíle í an Breitheamh agus go gcuireann a breithiúnas fíormhothúcháin Shíle faoina daltaí in iúl, mar aon leis an mbreithiúnas gur mhaith léi a thabhairt agus an pionós gur mhaith léi a ghearradh.

A classroom in a dilapidated adult education college. A winter's evening as the other teachers and pupils head home. A door bangs. Car engines can be heard outside. A clock chimes. An eerie atmosphere descends.

SÍLE *is standing by her desk, sorting love poems, written by her pupils, which she is editing for the Christmas magazine.*

SÍLE: I'd like to say at the start of my tale
that all that I am is a teacher of literacy,
numeracy and social skills, or that's what
was said when they gave me the job.

But how can you teach writing
or counting or formal manners
to the country's most ancient tribe –
a crowd obliged to escape from their rath
in a time of distress and desecration,
who've been struggling ever since
on the highways and byways of Ireland
surviving on their wits and their sense?

This is a tribe who well understand
who they are and where they're from
but the question must be asked:
where are they headed in this day
and age with customs that insist
they wed in their teens and beget
a child year after year?

SÍLE glances over the papers and reads extracts from the work of her students.

SÍLE: (1) My life changed the minute
his clan moved in next door. I began
to plan the wedding straight away.

Seomra ranga i gcoláiste raiceáilte oideachais aosaigh. Tráthnóna geimhridh, na múinteoirí eile is na daltaí ar a mbealach abhaile. Plabann doras. Is féidir innill charranna a chloisteáil lasmuigh. Buaileann clog. Titeann atmaisféar diamhair anuas.

SÍLE ina seasamh le hais a deisce ag sórtáil dánta grá, scríofa ag a daltaí, atá á gcur in eagar aici d'iris na Nollag.

SÍLE: Is mian liom a rá ag tús mo scéil
nach bhfuil ionam ach múinteoir litearthachta
is uimhearthachta is scileanna sóisialta
nó b'in a dúradh nuair a fostaíodh mé.

Ach cén chaoi ar féidir cumas scríofa
is comhairimh is nósanna foirmeálta
a theagasc don treibh is ársa sa tír –
dream arbh éigean dóibh éalú as a lios
in am an ghátair is an bhánaithe,
is atá ag streachailt leo ó shin
ar bhóithre is ar chúlbhealaí na hÉireann
ag maireachtáil ar a gcrithir is ar a gcruinneas?

Is treibh í seo a thuigeann go maith
cé hiad féin is cérb as dóibh
ach caithfimid an cheist a chur:
cá bhfuil a dtriall san am i láthair
lena nósanna a mholann dóibh
pósadh sna déaga is leanbh a thabhairt
ar an saol bliain i ndiaidh bliana?

Tugann SÍLE sracfhéachaint ar na páipéir agus léann giotaí de shaothar a daltaí.

SÍLE: (1) D'athraigh mo shaol an nóiméad
a bhog a chlann isteach béal dorais.
Thosaigh mé ag pleanáil na bainise ar an bpointe.

(2) He was looking at me.
When I looked at him
he turned away.
I knew he liked me
And that's how it all began.

(3) All my life I searched for such a man.
I think of him all night long.
He is a man who would never do wrong.

This is how they see the world
and their role in it: instead
of wanting to be like everyone else,
they cling to their own customs –
who can blame them
when this country and all that
is in it have gone to the dogs?
And what can I myself do
to improve the situation –
me that has no wish to poke my nose
into matters that are of no concern to me,
when all that I am is a teacher?

Exhausted, SÍLE sits at the desk and continues to sort the love poems. Just as she starts to doze off, a wind is heard rising outside, along with peals of thunder. Flashes of lightning are seen. A loud knock comes to the door.

SÍLE: There I was working late one day.
Worn out, my eyes were closing,
as I sorted their love stories and poems,
putting them in order for the Christmas mag.
Just as I was about to doze off I heard
a loud ferocious knock on the college door.

SÍLE sits up with a start and tries to locate the alarm button.

(2) Bhí seisean ag breathnú orm.
Ach nuair a bhreathnaigh mé air
thiontaigh sé uaim.
Bhí a fhios agam gur thaitin mé leis
agus b'in mar a thosaigh an rud uilig.

(3) Ar feadh mo shaoil chuardaigh mé a leithéid d'fhear.
Bím ag smaoineamh air ar feadh na hoíche.
Is fear é nach ndéanfadh tada mícheart riamh.

Seo an dearcadh atá acu ar an domhan
agus ar an ról atá acu ann: seachas
a bheith ag iarraidh aithris a dhéanamh
ar gach éinne eile, coinníonn siad
greim ar a nósanna féin – cé a chuirfeadh
locht orthu, an tír seo is gach
a bhfuil inti imithe chun donais?
Agus céard is féidir liomsa a dhéanamh
le feabhas a chur ar an scéal,
mise nach bhfuil ag iarraidh mo ladar
a chur i meadar gan suaitheadh,
mise nach bhfuil ionam ach múinteoir?

Spíonta, suíonn SÍLE ag an deasc agus coinníonn uirthi ag sórtáil na ndánta grá. Agus í ar tí titim ina codladh, cloistear gaoth ag éirí lasmuigh, mar aon le bloisc thoirní. Feictear splanca tintrí. Buailtear cnag láidir ar an doras.

SÍLE: Agus mé ag obair go mall lá amháin,
spíonta, mo shúile ag titim ar a chéile,
ag scagadh a ndánta is a scéalta grá
lena gcur in eagar d'iris na Nollag,
bhí néal ag titim orm nuair a d'airigh mé
cnag mór millteach ar dhoras an choláiste.

Suíonn SÍLE suas de phreab agus déanann iarracht an cnaipe práinne a aimsiú.

SÍLE: Before I could rise to my feet
or stretch as far as the alarm button
the whole building shook from top to bottom.

Enter THE BAILIFF, squeezed into a leather outfit, with peroxide hair in a ponytail, carrying a large staff with the word 'Bailiff' inscribed on its head.

SÍLE: Into the room in a sudden burst
came a bony hag all dressed in leather,
a scowl on her face, a leer in her eye,
she wielded in her claw a tall staff
that had *Bailiff to the Court* stamped
in a brazen scrawl on its head.

She looked me straight in the eye
and spat through her porcelain veneers.

THE BAILIFF: What the heck are you doing here
sitting easy in your swivel chair,
marking pages with your red biro?

SÍLE: Before I had the chance to state my case
or plead the fervour of the work in hand,
she grabbed me with her sharp green nails.

THE BAILIFF: Isn't it well that you know
the highest of courts will be in session soon
and that the likes of yourself must be present
because it's there that our problems
will be debated and discussed,
because it's there that the arbiter most high
will deliver judgment on the state of our tribe?

The engines of jeeps and trucks are heard; headlights are projected onto the screen.

SÍLE: Sula raibh mé in ann éirí im' sheasamh,
nó síneadh chomh fada leis an gcnaipe práinne,
chrith an foirgneamh ó bhun go barr.

Isteach leis AN MBÁILLE, í brúite isteach i gculaith leathair, le gruaig fhada thuartha, bata mór ar iompar aici, an focal 'BÁILLE' breactha ar a cheann.

SÍLE: Isteach sa seomra de ruathar nimhneach
le cailleach chnámhach, gléasta i leathar,
strainc ar a gnúis, gráin ina súil,
bata ard a raibh *Báille na Cúirte*
breactha go soiléir ar bharr a chrainn,
á bheartú ina crúb aici.

Bhreathnaigh sí idir an dá shúil orm
is chaith amach trína veiníri poircealláin.

AN BÁILLE: Céard sa diabhal atá ar siúl agatsa anseo
id' shuí go socair ar do chathaoir sclóine,
ag marcáil leathanach le do bhiro dearg?

SÍLE: Sula raibh seans agam mo chás a mhíniú
nó díograis na hoibre idir lámha a phlé,
rug sí orm lena hingne géara glasa.

AN BÁILLE: Nach bhfuil a fhios agatsa go maith
go mbeidh an chúirt is airde ina suí ar ball
is go gcaithfidh do leithéid a bheith i láthair
mar is inti a dhéanfar ár bhfadhbanna
a phlé is a chíoradh, mar is inti
a thabharfaidh an t-eadránaí is airde
breithiúnas cuí ar staid ár dtreibhe?

Cloistear innill jípeanna is trucailí; teilgtear ceannsoilse ar an scáileán.

SÍLE: I had no option but to heed her words:
before long I was bundled onto the back of a truck
where there were four others already ensconced.

Looking out the window what did I see,
only jeeps and vans and all sorts
of vehicles in an enormous caravan,
heading straight for a warehouse
in a remote place that had no name
where the road signs had been concealed –
a galvanised shed beyond the edge of town.

Enter ÁINE and JAIMSÍ.
Sounds and images suggest a crowded courtroom.

SÍLE: Inside in the court I recognised one or two
among the crowd that were piling in,
each of them fiddling and fustering –
anxious to tackle the night's agenda.

THE BAILIFF bangs her staff. Chairs are heard being pulled back. THE JUDGE enters and proceeds towards the bench where she is seated.

SÍLE: Then the bailiff banged her staff
and a cloak of calm shrouded the place.
As everyone stood to attention,
the night's arbiter glided in from the door,
two officers in grey suits by her side.
A great black coat trailed behind her,
the scales of justice embedded on its train.

THE BAILIFF bangs her staff again.

SÍLE: Quick as a flash a young girl leapt up
and stood before the dock of the court
her long mane flowed down her back,
earrings of gold swung from her ears, the cotton
of her dress outlined her youth and her beauty.

SÍLE: Neart gan cheart b'éigean dom géilleadh:
ba ghearr gur burláladh isteach i gcúl trucaile mé
áit a raibh ceathrar eile sáinnithe cheana féin.

Ag breathnú amach an fhuinneog dom,
thug mé faoi deara jípeanna is veaineanna
is feithiclí de chuile shórt ina gcarbhán ollmhór,
ag déanamh ar earralann
in áit iargúlta gan ainm ar bith uirthi,
ina raibh na comharthaí bóthair faoi cheilt –
bothán sinciarainn taobh thall d'imeall an bhaile.

Isteach le hÁINE is le JAIMSÍ.
Cuirtear seomra cúirte in iúl trí fhothram is íomhánna cuí.

SÍLE: Istigh sa gcúirt d'aithin mé duine nó beirt
i measc an tslua a bhí ag plódú isteach,
chuile dhuine acu ag cur is ag cúiteamh –
ar bís le tabhairt faoi ghnó na hoíche.

Buaileann AN BÁILLE a bata. Cloistear cathaoireacha á dtarraingt siar. Isteach leis AN MBREITHEAMH agus ar aghaidh léi chuig an mbinse, áit a suíonn sí.

SÍLE: Ansin bhuail an báille a bata
is chlúdaigh brat ciúnais an áit.
Ar éirí do gach éinne ina sheasamh,
ghluais eadránaí na hoíche ón doras isteach,
beirt oifigeach i gcultacha liatha lena taobh.
Cóta mór dubh ag sraoilleadh ina diaidh,
meá na córa leabaithe ina thriopall.

Buaileann AN BÁILLE a bata arís.

SÍLE: Léim cailín aníos ar an ardán go sciobtha
is sheas os comhair ghabhann na cúirte,
a folt fada ag slaodadh thar a droim,
fáinní óir ar crochadh óna cluasa, cadás a gúna
ag fógairt a háilleachta is a hóige.

As she flicked back her hair I got a start
when I recognised who they had picked
to present their case – none other than
Áine, the best of this year's pupils.

She turned around and faced the judge
and her voice rang out loud and clear.

ÁINE: On behalf of the women of our tribe
we welcome you, Supreme Judge,
who has come among us here tonight
to hear our case and weigh our words
and deliver judgment on our plight.

SÍLE: Then she faced the court, stretching
her long finger towards the group of men
who had thronged together down at the back,
Tomás Sheáinín, that she'd married
not six months since, standing among them.

ÁINE: Observe this crowd here below:
these are the men that I'll accuse
when I speak on my own behalf
and on behalf of Cáit and Nóra and Peig.

This court will hear about Peadar
and Máirtín and, in particular,
Tomás Sheáinín the gombeen
that enticed me with one pledge after the other.

I speak to you from the bottom of my heart
as I deliver this testimony against him:
when I think back over my teens,
I was naught but an innocent girl
who hadn't a clue what lay ahead
though I'd spent my youth cramming

Agus a cuid gruaige á scuabadh siar aici,
baineadh geit asam nuair a d'aithin mé
an té a bhí roghnaithe acu lena gcás a phléadáil –
cé a bhí ann ach Áine, rogha daltaí na bliana seo.

Chas sí thart, a haghaidh á díriú aici ar an mbreitheamh
is labhair go hard neamhbhalbh:

ÁINE: Thar ceann mhná ár dtreibhe
cuirimid fáilte romhat, a Bhreithimh is Uachtaraí,
atá tagtha inár measc anseo anocht
le héisteacht lenár gcás, ár mbriathra a mheas,
is breithiúnas a thabhairt ar ár gcruachás.

SÍLE: Ansin thug sí aghaidh ar an gcúirt,
a méar fhada á síneadh amach aici i dtreo
an scata fear a bhí plódaithe le chéile thíos ar gcúl,
Tomás Sheáinín, a phós sí níl ach
leathbhliain ó shin, ina sheasamh ina measc.

ÁINE: Breathnaigh an dream seo thíos:
Is iad seo na fir a chiontóidh mé
agus mé ag labhairt thar mo cheann féin
is thar ceann Cháit is Nóra is Pheig.

Cloisfidh an chúirt seo faoi Pheadar
is faoi Mháirtín is, go háirithe,
faoi Thomás Sheáinín, an gaimbín
a mheall le gealltas i ndiaidh gealltais mé.

Labhraím libh ó mo chroí amach,
agus an fhianaise seo á tabhairt agam ina choinne:
nuair a smaoiním siar thar na déaga
ní raibh ionam ach naí nár thuig
céard a bhí i ndán dom, cé go gcaithinn
m'óige ag líonadh mo chófra spré

my hope chest with delft and blankets.
Alas, my dreams have been shattered one by one.

I've taken care of him since the day
we were wed – sure, aren't I well used
to preparing meals and making beds?
And, what's more, I've made love to him,
lain by his side night after night
but as for his organ – to my shame,
there's function, and function: if you know
what I'm saying, you'll get what I mean.

It wasn't long before I discovered
that his pledges were as empty
as his plate and mug after the dinner.
What's the point in boasting when there's
no life-force to be found during the act?
There's empty vessels and vessels that are
empty when they're full to the brim. If you know
what I'm saying, you'll get what I mean.

And, Supreme Judge, it must be hard
for a woman like you to imagine
the disappointment that I felt at the end
of the month and every month since,
as I pray for a child. But, let me tell you:
as if the way that he treated me
wasn't bad enough, he turned
our plight to his advantage,
saying the fault was all mine,
without taking my side, discussing
what was wrong and looking for help
in solving the state we are in.

And though my predicament is great
and lies heavy upon me,

le deilf is le pluideanna. Faraor,
scriosadh mo bhrionglóidí ceann ar cheann.

Thug mé aire dó ó lá na bainise i leith –
muise, nach bhfuil taithí mhaith agam
ar bhéilí a réiteach is ar leapacha a chóiriú?
Níos tábhachtaí fós, thug mé grá dó,
im' luí taobh leis oíche i ndiaidh oíche
ach maidir lena ghléas, mo náire,
tá feidhmiú agus feidhmiú ann:
mura dtuige sibh féin é, tuigfidh sibh as.

Ba ghearr gur 'speánadh dom go raibh
a ghealltais chomh folamh céanna
lena phláta is a mhuga th'éis an dinnéir.
Cén mhaith atá in éirí in airde mura bhfuil
brí na beatha le fáil le linn an ghnímh?
Tá soithí atá folamh agus soithí eile
atá folamh agus iad lom lán,
mura dtuige sibh féin é, tuigfidh sibh as.

Agus, a Bhreithimh is Uachtaraí, caithfidh gur
deacair duit a shamhlú an díomá a bhraith mé
ag deireadh na míosa agus deireadh gach míosa
ina dhiaidh sin, agus mé ag guí ar son páiste.
Ach, lig dom a insint duit:
mura raibh an chaoi ar chaith sé liom
sách dona, thiontaigh sé ár gcruachás
chun a leasa féin, ag rá
gur ormsa an locht ar fad,
in ionad seasamh taobh liom,
an fhadhb a phlé, is cúnamh a lorg
leis an riocht ina bhfuilimid a réiteach.

Agus, cé gur mór mo chruachás,
a luíonn go trom orm,

there was much worse in store for Cáit
who married Peadar Sheosaimh Mhóir
the man chosen for her, a cousin
she had never laid eyes on before
the match was made. Six long months
she spent preparing for her wedding day.

She tanned and toned her body.
Came to the wedding in a royal coach
drawn by a pair of white steeds.

A chaste virgin, dressed in the foam
of the sea, her neck, and her arms
adorned with pearls, the green of her eyes
the match of the leaves in her posy, the red
of her lips vying with the red of the roses,
her hair the colour of honey.

And, even before the meal was done,
the stinker was drunk and on the night,
instead of loving and being polite
and getting to know her bit by bit,
he laid a hand on her and did –
there are things in this world that cannot
be named but if you want to know what
they are: look at the television late at night
when the prayers have been said,
and the world and his mother are fast asleep,
look at some of the adult programmes.

So much for Cáit and Peadar. Though shameful
to relate, let's move on to Nóra,
a loving girl who looked after the family
home and minded the children,
though her mother and father were
forever picking on her till she fell in love

ba mheasa ar fad a raibh i ndán
do Cháit a phós Peadar Sheosaimh Mhóir,
an fear a roghnaíodh di – col ceathar léi
nár leag sí súil air sula ndearnadh
an cleamhnas. Sé mhí fhada a chaith sí
á hullmhú féin do lá a pósta.

Dhonnaigh is d'aclaigh sí a corp.
Tháinig chun na bainise i gcóiste ríoga
á tharraingt ag péire each bhána.

Maighdean gheanmnaí, gléasta
i gcúr na farraige, péarlaí ar a muineál
is ar a géaga, glaise a súl ar aon dul
le duilleoga a pósae, deirge a beola
in iomaíocht le deirge a rósanna,
dath na meala ina cuid gruaige.

Ach, fiú sula raibh béile na bainise thart,
bhí an tuthaire ar meisce agus san oíche,
in ionad í a ghrá is a bheith múinte léi
is aithne a chur uirthi de réir a chéile,
leag sé lámh uirthi is rinne sé –
tá rudaí ar an saol seo nach féidir
a ainmniú ach más mian leat a fháil amach
céard iad féin: breathnaigh ar an teilifís
go deireanach san oíche, nuair atá na paidreacha ráite,
an domhan is a mháthair ina gcodladh go sámh,
breathnaigh ar na cláracha do dhaoine fásta.

Sin agat Cáit agus Peadar. Cé gur náireach
le rá é, bogaimis ar aghaidh go Nóra,
muirneog a thugadh aire do theach
a muintire, is do na gasúir,
cé go mbíodh a máthair is a hathair
de shíor á cáineadh gur thit sí i ngrá

and married Máirtín Bán, a man with
a glint in his eye and a pout on his lip.

A man who wouldn't accept the meals
she had prepared for him, who wouldn't
let her talk to her friends or even visit
her family, a blackguard who'd tear
apart her self-esteem as quick as
the shirts that she'd iron for him.
A man who frittered away her dowry
at the horse fair and bare knuckle fights.
And, worse, who'd organise hand
festivals whenever he'd get the chance.

O, Supreme Judge, though the list
be long, the worst has yet to be heard:
he began, I'm sorry to say, to attack
his woman, battering and bruising her.

The blame was laid on herself,
of course: if she was a real woman
he wouldn't have to do the like,
if the meals were edible, if
the shirts were properly ironed!

And she was left on her own every night
under lock and key, but she lived in hope
because she was carrying a child.
She prayed an end would come
to the hardship, the treatment
and torment till she awoke one night,
the buck in a drunken stupor, assaulting her
till she was rendered senseless.

It sticks in my gullet to say it:
the future that should have lain

is gur phós sí Máirtín Bán, fear a raibh
loinnir ina shúil is puisín ar a bheola.

Fear nach nglacadh leis na béilí
a réitíodh sí dó, nach dtugadh cead di
labhairt lena cairde ná cuairt a thabhairt
ar a muintir, fiú, bligeard a stróiceadh
as a chéile a féinmhuinín chomh sciobtha
céanna leis na léinte a d'iarnáladh sí dó.
Fear a mheath a spré ar aonach na gcapall
is ag troideanna na ndorn nocht.
Is, níos measa fós, a d'eagraíodh feiseanna láimhe
chuile uair a bhfaigheadh sé an deis.

A Bhreithimh is Uachtaraí, cé gur fada
an liosta, tá an rud is measa le cloisteáil fós:
thosaigh sé, is oth liom a rá,
ag ionsaí a mhná, á bualadh is á batráil.

Ba uirthise a leagadh an milleán,
ar ndóigh: dá mba bhean cheart í
ní bheadh air a leithéid a dhéanamh,
dá mbeadh na béilí inite, dá mbeadh
na léinte iarnáilte mar ba chóir!

Agus fágadh ina haonar faoi ghlas
chuile oíche í, ach bhí dóchas aici
mar go raibh sí ag iompar gasúir,
is ag súil go dtiocfadh deireadh
leis an gcrácamas is leis an gcruálacht
is leis an gcéasadh gur dhúisigh sí oíche,
an boc ar meisce, á hionsaí,
gur fágadh gan aithne gan urlabhra í.

Seasann sé im' scornach a rá
gur leath an todhchaí ba dhual

ahead, spread in a pool of blood
across the cold sheets on her bed.

And, while I'm talking of children:
I'll relate Peig's tale to the court –
a girl who spent some time in the country
looking after the house for her uncle
when his wife was ill. A slimeball
who thanked his niece for her efforts
by raping her – a beautiful lass
who returned to her parents after a while,
a small child in her arms.

And as the young lad grew
among his grandmother's children –
his mother's brothers and sisters –
sure, aren't there that many children
in the world already, and hasn't Peig
that many brothers and sisters, you wouldn't
expect that anyone would notice
there was an extra one among them –
till this eejit here to the left,
Jaimsí Mhichíl Liam, put two and two together
and began insulting the young lad,
slagging Peig and asking the world:
where had the little scut come from?

Well, I'll tell you where he came from –
he's a gift from his mother's uncle,
but what does it matter who his father is,
since his mother loved him
from the moment he first drew breath?

You'd imagine that a mother's love
would be enough, that the young lad
could grow up among his cousins

di ina linn fhuilteach
thar bhraillíní fuara a leapa.

Agus ós ar ghasúir atá mé ag caint:
inseoidh mé scéal Pheig don chúirt –
cailín a chaith seal faoin tuath
ag réiteach an tí dá huncail
am a raibh a bhean tinn. Slímeadóir
a ghabh buíochas lena neacht
trína héigniú – gearrchaile gleoite
a d'fhill ar a tuismitheoirí ar ball,
gasúr beag ar a baclainn aici.

Agus an leaidín beag ag fás aníos
i measc ghasúir a mháthar críonna –
deirfiúracha is deartháireacha a mháthar –
muise, nach bhfuil an oiread sin gasúr
ar an saol cheana féin, is an oiread sin deirfiúracha
is deartháireacha ag Peig, ní bheifeá ag súil
go dtabharfadh éinne faoi deara go raibh
duine beag sa bhreis ina measc –
gur thuig an leibide seo ar clé,
Jaimsí Mhichíl Liam, as, is gur thosaigh sé
ag caitheamh anuas ar an leaidín,
ag tarcaisniú Pheig is ag fiafraí den domhan:
cérbh as a tháinig an sciotachán seo?

Bhuel, déarfaidh mé libh cérbh as a tháinig sé –
is bronntanas ó uncail a mháthar atá ann,
ach nach cuma cén t-athair atá aige
mar gur thug a mháthair grá dó
ón nóiméad a tharraing sé anáil?

Cheapfá gur leor an méid sin –
grá na máthar – go bhféadfadh an leaidín
fás aníos i measc a chol ceathracha

but now that his background has been
broadcast to the neighbourhood boyos
most of them have started trotting
after Peig because the rumour
has been put about that she's a slut –
a young woman against whom
the worst crime has been perpetrated.

I ask you, most Supreme Judge,
do we not deserve better?
Do we not deserve a decent life?
We've worked hard, we've done our best,
myself and Cáit and Nóra and Peig.
I weep when I think of the thanks we've got.

Overcome, ÁINE is helped to her seat by her friends.

SÍLE: At this point, Áine's voice deserted her
and her pleading exhausted her strength.

Her friends were obliged to rush
forward and help her back to her seat.

As she was being offered a glass
of water, the lads began to fidget.

JAIMSÍ leaps onto the stage.

SÍLE: Up Jaimsí Mhichíl Liam leapt to the dock,
ire in his voice, his face all red,
impatient to oppose what had been said
and to present the men's point of view.

JAIMSÍ: Thieving bitches is what they all are!
Do not believe a word that has come out
of this woman, Áine's, mouth.

ach, ó tharlaíonn go bhfuil a chúlra
ar eolas ag cuilcigh an cheantair,
bíonn a bhformhór acu ag sodar
i ndiaidh Pheig mar go bhfuil
an ráfla curtha sa siúl gur strabóid í –
ógbhean ar imríodh
an éagóir is uafásaí uirthi.

Fiafraím díot, a Bhreithimh is Uachtaraí,
nach bhfuil níos fearr tuillte againn?
Nach bhfuil saol cuibhiúil tuillte againn?
D'oibrigh muid go dian, rinne muid ár ndícheall,
mé féin is Cáit is Nóra is Peig. Caoinim,
ar smaoineamh dom, ar a bhfuil de bhuíochas orainn.

Cuidíonn cairde ÁINE léi filleadh ar a suíochán, í cloíte.

SÍLE: Ag an bpointe seo thréig a caint Áine
agus thraoch a hagairt a neart.

B'éigean dá cairde sciurdadh chun tosaigh
lena tionlacan ar ais chuig a suíochán.

Agus gloine uisce á tairiscint di
thosaigh na leaids ag fústráil.

Léimeann JAIMSÍ aníos ar an ardán.

SÍLE: Aníos ar an árdán le Jaimsí Mhichíl Liam,
fearg ina ghuth, lasadh ina aghaidh,
é ar bís le cur i gcoinne an mhéid a bhí ráite
is dearcadh na bhfear a chur in iúl.

JAIMSÍ: Is bitseacha bradacha iad uilig!
Ná creidigí focal a tháinig as béal
na mná – an Áine – seo.

She says she was seduced by Tomás Sheáinín –
well, that's not how it appears to me.

He was the one seduced by her –
sure, wasn't the poor man blinded
by her musical voice and her soft hair?

It is no wonder he had problems
and he publicly embarrassed
by those awful bellytops on her,
with her breasts bursting out of them.

It is my case, noble people,
that this Áine is a hussy of a one
who's to be seen going around
at the horse fair, at family dos or
weddings, wearing tight trousers
that highlight the shape of her arse
and invite every man alive
to ram himself into her.

And, as for her friend, Cáit,
who married Peadar Sheosaimh Mhóir
as was arranged by her folks –
what can be said about such a one,
not prepared to accept the rights
and duties of marriage?

Another thing! How does this plaintiff
know what's being broadcast late
at night on the adult programmes?

Because it isn't only
the men who stay up late.
Don't we all be looking at the TV?
If he's seen anything strange,
haven't we all seen the same?

Deir sí gur mealladh ag Tomás Sheáinín í.
Bhuel, ní mar sin a fheicimse é.

B'eisean an ceann a mealladh aicise –
muise, nach raibh an fear bocht dallta
ag a guth ceolmhar is ag a gruaig mhín?

Ní haon iontas go raibh fadhbanna aige
agus é náirithe os comhair an tsaoil
ag na bolgbharra gránna sin uirthi,
a cíocha ag gobadh amach astu.

Is é an cás atá agam, a dhaoine uaisle,
gur raibiléir mná í an Áine seo
a bhíonn le feiceáil ag gabháil thart
ag aonach na gcapall, ag cóisirí teaghlaigh
nó ag bainiseacha, agus bríste teann uirthi
le cruth a tóna a chur in iúl is cuireadh
a thabhairt do chuile fhear beo
a ghléas a shá isteach inti.

Agus maidir lena cara, Cáit,
a phós Peadar Sheosaimh Mhóir
faoi mar ar socraíodh ag a muintir –
céard is féidir a rá faoina leithéid de bhean
nach bhfuil toilteanach glacadh
le cearta is le cúraimí an phósta?

Rud eile de! Cén chaoi a bhfuil a fhios
ag an éilitheoir seo céard a bhíonn á chraoladh
istoíche ar chláracha do dhaoine fásta?

Mar nach iad na fir amháin a fhanann
ina suí go deireanach. Nach mbímid
uilig ag breathnú ar an teilifís?
Má chonaic sé aon cheo aisteach
nach bhfuil an rud céanna feicthe againn uilig?

When you are young, innocent,
without practice or experience in bed
how are you to know what
is right and fitting? Is it Peadar's
fault that this Cáit didn't enjoy
the act? Is he to blame
that she became nauseous
when all he wanted was to make love to her?

I'll do myself an injury
if I have to talk about that strap, Nóra.
It was on a dark dreary day that she laid
eyes on Máirtín Bán – a poor man
who was that shy his own mother
had to teach him to defend himself.

And another thing! How come Nóra's
parents were finding fault with her?
There must have been something wrong
when her own folks turned against her.

I tell you it's because she's a strap –
a one who'd abandon her man after she'd
promised him the world and all that was in it.

A one who'd go out with her friends –
to the pictures and to the pub –
a crowd of rowdy women, sporting
miniskirts over their fishnet tights,
lipstick on their mouths that was
redder than what's to be seen
on the prostitutes that walk
the streets of the city late at night.

Noble Judge, I admit it wasn't right
for her man to beat and batter her

Nuair a bhíonn tú óg, soineanta,
gan taithí nó cleachtadh na leapa agat,
cén chaoi a mbíonn a fhios agat
céard is ceart is cuí? An ar Pheadar
an locht nár thaitin gníomh na leapa
leis an gCáit seo? An airsean an locht
gur tháinig múisc uirthi nuair
nár theastaigh uaidh ach suirí léi?

Déanfaidh mé dochar dom féin
más gá dom labhairt faoin straip sin, Nóra.
B'ar lá dubh doilíosach a leag sí súil
ar Mháirtín Bán – fear bocht
a bhí chomh cúthail sin go mbíodh
ar a mháthair a chosaint féin a theagasc dó.

Agus rud eile de! Cén fáth go mbíodh
tuismitheoirí Nóra á cáineadh?
Caithfidh go raibh rud éicint mícheart
má bhí a muintir féin tiontaithe ina coinne.

Déarfaidh mé libh mar gur straboid í –
bean a thréig a leannán th'éis di
an domhan agus a bhfuil ann a ghealladh dó.

Bean a théadh amach lena cairde –
chuig na pictiúirí is chuig an bpub –
le scata ban gáirsiúil, mionsciortaí orthu
os cionn a riteog mogallach,
béaldath ar a mbeola a bhí níos deirge
ná mar a bhíonn le feiceáil
ar na striapacha a shiúlann sráideanna
na cathrach go deireanach san oíche.

A Bhreithimh Uasail, admhaím nach raibh sé
de cheart ag a fear í a bhualadh ná a bhatráil

but isn't it clear that she drove him demented
and that he couldn't control himself
on account of her behaviour?

I know well how she treated him.
Didn't I witness it myself?
He was looking forward to an easy life – just as he
deserved – to be coming home after a day's
work, a fine meal laid before him
and a wife with words of love on her mouth.
But what did he find
only an empty room and an old piece of meat
thrown on the table from time to time.
Alas, he had no other choice, I can tell you,
than to try to put manners on her.

I'd find it strange if you believe
a word out of this Áine's mouth.
She has spoken of Peig and of her child.

It's said that Peig was raped!
I ask you, noble people, how
do we know that this is what happened?
We only have her word
and the word of this Áine on the matter
above the word of the uncle who gave
her shelter and warmth, and what
are these women's words worth?

What proof have they that this is
what happened? None because
there isn't a shred of truth
in what we have heard here tonight!

Men are heard raising their voices in concurrence and applauding loudly. JAIMSÍ *sits.*

ach nach soiléir gur chuir sí soir é,
is nach bhféadfadh sé srian a choinneáil air féin
de bharr a cuid iompair?

Is maith is eol dom faoin gcaoi ar chaith sí
leis. Nár thugas faoi deara mé féin é?
Eisean ag súil le saol bog – faoi mar a bhí
tuillte aige – le filleadh abhaile th'éis obair an lae
is béile blasta os a chomhair amach,
is bean a mbeadh focail ghrámhara ar a béal.
Agus céard a bhíodh roimhe amach –
ach seomra folamh is seanphíosa feola
caite ar an mbord ó am go ham. Faraor,
ní raibh an dara rogha aige, déarfaidh mé leat,
ach iarracht a dhéanamh fios a béas a mhúineadh di.

D'aireoinn aisteach é dá gcreidfeá
focal as béal an Áine seo.
Labhair sí faoi Pheig is faoina gasúr.

Deirtear gur éigníodh í!
Fiafraím daoibh, a dhaoine uaisle,
cá bhfios dúinn gur tharla a leithéid?
Níl againn ach a focalsa,
agus focal an Áine seo ar an gcás,
thar fhocal an uncail a thug
dídean is cluthairt di
agus céard is fiú focail na mban seo?

Cén cruthúnas atá acu gur tharla
a leithéid? Tada mar nach bhfuil
oiread na fríde d'fhírinne sa méid
atá cloiste againn anseo anocht!

Cloistear na fir ag ardú a nguthanna le cur leis an méid atá ráite is ag bualadh bos go láidir. Suíonn JAIMSÍ.

SÍLE: Hardly were the words out of his mouth
than Áine leapt up to the dock once more.

ÁINE returns to the stage.

ÁINE: Supreme Judge, Stately Woman,
believe a word out of my mouth!
I who have always spoken the truth
since first being given permission to speak!

Noble people, you are not going to sit in this court
and accept the lies of Jaimsí Mhichíl Liam –
that stuck-up yoke with his false statements
that only a bad mind would conjure,
not to mention speaking them out loud
among the crowd gathered here tonight?

Supreme Judge, have mercy on us
against whom an injustice has been done,
and please forgive those who are deaf
or blind, who believe a syllable
that came out of the mouth of this eejit.

As for Peig's uncle – where is the so-and-so?
Why isn't he here tonight
to put his case before us
and explain his side of the story?
Because he is guilty, I tell you.

He hasn't appeared in this court
because it is well he understands
what would happen were he to show
his rotten face here tonight.

We have all been insulted by this Jaimsí:
he has maligned the gentlest and fairest
girls that ever were born.

SÍLE: B'ar éigean a bhí na focail curtha dá bhéal
nuair a léim Áine aníos ar an ardán an athuair.

Ar ais le hÁINE chuig an ardán.

ÁINE: A Bhreithimh is Uachtaraí, a Stáidbhean,
focal as mo bhéalsa a chreidbheáil!
Mise a labhair an fhírinne riamh
ó tugadh cead aighnis den chéad uair dom!

A dhaoine uaisle, níl sibh chun suí sa gcúirt seo
is glacadh le bréaga Jaimsí Mhichíl Liam –
an rud leitheadach sin lena ráiteasaí suaracha
nach gcuimhneodh ach drochaigne orthu,
gan trácht ar iad a rá amach os ard
i measc an phobail atá bailithe anseo anocht?

A Bhreithimh is Uachtaraí, déan trócaire
orainne, ar ar imríodh éagóir, is,
led' thoil, tabhair maithiúnas dóibhsean
atá dall nó bodhar, a chreideann siolla
a tháinig amach as béal an leibide seo.

Maidir le huncail Pheig – cá bhfuil an suarachán?
'Tuige nach bhfuil sé anseo anocht
lena chás-sa a chur os ár gcomhair
le míniú a thabhairt ar a thaobhsa den scéal?
Mar go bhfuil sé ciontach, deirim libh.

Níor tháinig sé i láthair na cúirte seo
mar go dtuigeann sé go maith
céard a tharlódh dó dá 'speánfadh sé
a aghaidh lofa dúinn anseo anocht.

Táimid uilig maslaithe ag an Jaimsí seo:
tá caite anuas aige ar na cailíní
is séimhe a rugadh riamh.

And, as for my clothes, or Nóra's or Cáit's,
what does it matter if I'm wearing
tight trousers or bellytops, if Nóra, or Cáit
are wearing miniskirts or red lipstick?

What harm if breasts are bursting
from the same bellytops?
Aren't the same breasts the finest vessels
there are to be found to nourish our race?

What is wrong with taking pride in the body –
with showing that every aspect of it
is in order and waiting to be primed?

Can't you look at beauty, respect it,
and give it the honour it deserves?

Because the words that have come out
of the mouth of this waster
are evidence of what's to be found
only in the lecherous mind.

I ask you, noble people,
how does he himself know how
the prostitutes of this city are dressed
or where they hang out?

Most Supreme Judge, look
at the girls gathered here tonight,
me among them. You might think us simple,
but we're single-minded, every one of us.

From the day we were born
all we wanted was to wed –
to fall in love with a man
who'd have manners on his lips
and life in his organ.

Agus maidir lem' chuid éadaí, is le cuid
Nóra nó Cháit, nach cuma má tá brístí teanna
nó bolgbharra orm, má tá mionsciortaí
nó béaldath dearg ar Nóra, nó ar Cháit?

Cén dochar má tá cíocha ag gobadh amach
as na bolgbharra céanna?
Nach iad na gnéithe is ársa ar domhan
na cíocha céanna lenár gcine a chothú?

Céard atá mícheart le mórtas an choirp –
le 'speáint go bhfuil chuile ghné de
ag feidhmiú, is ag feitheamh le seirbhís?

Nach féidir breathnú ar áilleacht is ómós
a thabhairt di mar aon leis an onóir atá tuillte aici?

Mar gur cruthúnas an méid a tháinig
amach as béal an tsuaracháin seo
ar a mbíonn le fáil
san aigne dhrúisiúil amháin.

Fiafraím daoibh, a dhaoine uaisle,
cén chaoi a bhfuil a fhios aigesean
céard a bhíonn á chaitheamh ag striapacha
na cathrach, nó cén áit a mbíonn a dtriall?

A Bhreithimh is Uachtaraí, breathnaigh
na cailíní cruinnithe anseo anocht,
mise ina measc. Seans go gceapfá gur
soineanta muid, ach is cumasach gach éinne againn.

Ó lá ár mbreithe i leith níor theastaigh
uainn ach go bpósfaimis –
go dtitfimis i ngrá le fear
a mbeadh béasa ar a bheola
is brí ina ghléas.

We have spent the days of our youth
preparing for our wedding day,
watching out for the finest dress,
hoping for the shiniest tiara
to lay on our heads, the richest
of pearls to tie around our necks.
We were no way reluctant
to undertake household duties, as is clear
from what has been said. Cooking and washing
and sewing were no bother to us.
And, as for courtship matters,
that is where the greatest crime has been
committed against us because in bed
we were expecting to have our love ratified,
respect and honour as part of the whole chebang.

Organs that were functioning,
carrying inside the seed
that would create the next generation –
the guarantee that our race would survive –
but instead of that all that we got
was insult and deception,
reneging on pledges,
not to mention battery and cruelty.

Supreme Judge, as evidence,
I have laid my life before you,
and also the lives of Cáit and Nóra
and Peig. I have given a detailed account
of our plight. Please, I implore you,
believe my words and give us
respite from the mean and abject
future that lies ahead of us
if a solution is not to be found.

Cheering and applause is heard. ÁINE sits.

Táimid th'éis laethanta ár n-óige
a chaitheamh ag ullmhú do lá na bainise,
ag faire amach don ghúna ab áille,
ag súil leis an tiara ba loinneartha
a leagan ar ár gcloigeann, na péarlaí
ba shaibhre a fháscadh ar ár muineál.
Ní raibh drogall ar bith orainn
tabhairt faoi chúraimí tí, mar is léir
ón méid a dúradh. Níor bhuaireamh
ar bith dúinn cócaireacht ná níochán ná fuáil.
Agus maidir le cúrsaí suirí –
b'ansin a imríodh an éagóir ba mhó orainn,
mar ba sa leaba a bhí muid ag súil
le deimhniú ár ngrá,
ómós is onóir mar chuid den iomlán.

Gléasanna a bhí ag feidhmiú,
is ag iompar laistigh díobh an síol
a chruthódh an chéad ghlúin eile –
an ráthaíocht go mairfeadh ár gcine –
ach ina ionad sin ní bhfuair muid
ach tarcaisne is cur i gcéill,
is dul siar ar ghealltais,
gan trácht ar bhatráil is ar chruálacht.

A Bhreithimh is Uachtaraí, i bhfianaise,
tá mo shaol leagtha os do chomhair,
mar aon le saol Cháit is Nóra is Pheig.
Tá mionchuntas tugtha agam
ar ár gcruachás. Le do thoil,
impím ort m'fhocail a chreidbheáil
is faoiseamh a thabhairt dúinn ón todhchaí
shuarach dhearóil atá amach romhainn
mura mbeidh réiteach le fáil ar an scéal.

Cloistear gártha molta is bualadh bos. Suíonn ÁINE.

SÍLE: It was then that Áine sat down.
I must say at this point that I felt proud
of what she had said and the way that
she'd said it. I've always had the height
of respect for my pupils, with their regal
bearing, despite their background,
their birthright and their take on the world.
But then I've always had a tendency
to be fond of those who are sure
of themselves, who take a chance
and welcome danger when needs be.

Meanwhile, the crowd about me
was gripped by impatience,
every last one of them
waiting, heart in mouth,
till the judge rose
to deliver her judgment.

THE BAILIFF bangs her staff. SÍLE sits. THE JUDGE rises.

THE JUDGE: Noble people, I am pleased
that I came here tonight
to hear your stories.

I have been given to understand the kind
of life you have chosen. An interesting life,
one that has problems of its own making.

But these are problems, most of which
can be solved, if that is your wish.
Not everything is black and white,
nor should it be.

In this age let us welcome diversity
and conflict of a friendly nature.

SÍLE: B'ansin a shuigh Áine síos.
Caithfidh mé a admháil, ag an bpointe seo,
gur mhothaigh mé bródúil as a raibh ráite
aici is as an gcaoi inar dhúirt sí é.
Bhí ardmheas agam riamh ar mo dhaltaí,
lena n-iompar ríoga, ainneoin
a gcúlra, a ndúchais, is a gclaonta.
Ach bhí mé tugtha riamh dóibh siúd
a mbíonn muinín acu astu féin,
a théann sa seans is a chuireann fáilte
roimh an gcontúirt nuair is gá.

Idir an dá linn, bhí an slua thart orm
gafa i ngreim na mífhoighne,
chuile dhuine beo acu ag fanacht,
a chroí ag dul amach ar a bhéal,
gur éirigh an breitheamh
ina seasamh lena breithiúnas a thabhairt.

Buaileann AN BÁILLE a bata. Suíonn SÍLE. Éiríonn AN BREITHEAMH.

AN BREITHEAMH: A dhaoine córa, tá ríméad orm
gur tháinig mé anseo anocht
le bhur scéalta a éisteacht.

Tugadh le fios dom an sórt saoil
atá roghnaithe agaibh. Saol suimiúil a bhfuil
deacrachtaí dá chuid féin ag baint leis.

Ach is fadhbanna iad seo a bhféadfaí
a bhformhór acu a réiteach, dá mba mhian libh.
Níl chuile rud dubh is bán
ná níor chóir go mbeadh.

San aois seo fáiltímis roimh an ilghnéitheacht
is roimh choimhlint chairdiúil.

You are the oldest tribe in this country.
It's up to yourselves to decide
about how to move ahead but, first,
let me offer you some advice.

It isn't that I propose
that everyone should be fighting
each other, nor do I suggest
that everyone should forever
get along with everyone else either.

There have always been lovers' tiffs
and always will be. It's well I understand
your case: your people have been
stuck in that rath for many a year
and that when the time came
to escape, this country was
in a right mess, with rules
and habits in sway that you
couldn't make head nor tail of.

But I tell you now that you must
keep a rein on yourselves
and set a good example
to the other tribes who are making
their escape from the world's
other raths and heading for this place.

Certainly, problems change
from generation to generation
and from age to age. Long ago
there were problems that no longer exist:
a time when there was a shortage
of men as a great section entered
the priesthood. As this is no longer the case,
there must be enough of each sex

Is sibhse an treibh is ársa sa tír seo.
Fúibhse an rogha a dhéanamh
maidir le gluaiseacht ar aghaidh ach, ar dtús,
lig dom roinnt comhairle a thairiscint daoibh.

Ní hé go bhfuilim ag moladh
go mbeadh chuile dhuine
ag troid lena chéile, ná nílim
ag iarraidh go réiteodh chuile dhuine
lena chéile i gcónaí ach oiread.

Bhíodh siúití leannán riamh ann
is beidh go deo. Is maith a thuigim
bhur gcás: go raibh bhur muintir
sáinnithe sa lios sin le fada
is nuair ab éigean daoibh éalú
go raibh an tír seo ina praiseach
cheart is rialacha is nósanna
i bhfeidhm nach raibh
bonn ná barr le fáil agaibh orthu.

Ach deirim libh anois go gcaithfidh sibh
srian a choinneáil oraibh féin
is dea-shampla a thabhairt
do na treibhanna eile a bhíonn ag éalú
as liosanna an domhain
is ag déanamh ar an áit seo.

Go deimhin, athraíonn fadhbanna
ó ghlúin go glúin is ó aois go haois.
Is bhíodh fadhbanna ann fadó nach bhfuil
le sonrú anois: tráth bhíodh easpa fear ann
mar go mbíodh rang foirfe díobh
ag dul leis an eaglais. Toisc nach fíor
a leithéid níos mó, caithfidh go bhfuil
dóthain den dá inscne ann leis an dá thaobh

to satisfy both sides, with others
left over. I understand there are boys
and girls who look forward
to marriage and settling down
and rearing a family.

And those habits are blessed
and natural. But, still, I understand
that there are girls and boys
who have no interest in this.
Men who have no eye for anyone
apart from their own kind.
And girls with similar inclination.

Other girls who don't want
to be tied to the annual birthing room.
And there's no loss on that either.
You must all understand this.

And as for marrying cousins, this is a practice
that doesn't always have to be adhered to.
Nor do you always have to marry
within the tribe either. There are
suitable partners to be found outside.
But, for those of you who choose to marry
cousins, there's nothing wrong
with this in itself. However,
I recommend genetic testing
beforehand to find out who is carrying
which gene, to make sure
the next generation is fit and strong –
no small matter for a race such as yourselves.

This is my advice on the question
of marriage, in general.
And now, to the matter of judgment,

a shásamh, is fuílleach díobh fágtha.
Tuigim go bhfuil buachaillí
is cailíní ann a bhíonn ag súil
le pósadh is le cur fúthu
is le clann a thógáil.

Agus is beannaithe nádúrtha
na nósanna sin. Ach, fós féin, tuigim
go bhfuil buachaillí is cailíní ann
nach suim leo é seo bán ná riabhach.
Fir nach bhfuil súil acu
d'éinne ach dá sórt féin.
Agus cailíní leis an gclaonadh céanna.

Cailíní eile nach bhfuil ag iarraidh
a bheith ceangailte le seomra bliantúil
na breithe. Is níl caill ar bith air sin ach oiread.
Caithfidh sibh uilig é seo a thuigbheáil.

Maidir le pósadh idir chol ceathracha
is nós é seo nach gá cloí leis i gcónaí.
Ná ní gá pósadh laistigh den treibh
i gcónaí ach oiread. Bíonn páirtithe
oiriúnacha le fáil i dtreibheanna eile freisin.
Ach, sibhse, a bheartaíonn col ceathracha
a phósadh, níl tada mícheart
leis seo ann féin. Molaim daoibh,
áfach, tástálacha géiniteacha a thriail
roimh ré le fáil amach cén ghéin atá ar iompar
ag cén duine, lena chinntiú go mbeidh
an chéad ghlúin eile láidir is folláin –
ábhar nach beag tábhacht do chine cosúil libhse.

Is é seo mo chomhairle ar cheist
an phósta, go ginearálta. Agus anois,
maidir le ceist an bhreithiúnais, sna cásanna

in the cases presented before me here tonight:
dear girls gathered here, it's clear without a doubt
that a crime has been committed against you.

Having heard what was said by both sides
and having deliberated
on your cases, I find guilty those
men who were accused here tonight:
Tomás, Peadar, Máirtín Bán.
And Peig's uncle whose name wasn't mentioned.

Take hold of that man, Tomás,
who couldn't impregnate his wife.

I understand how important
it is to bring a child into the world,
if that is your wish, and, though
it wasn't said here tonight, it's clear
that this man also watches these adult
programmes along with his friends.
And as we are talking on the function
of organs, questions must be asked: why
is there no life-force to be found in his?
We've heard about these appalling shows,
and the other dreadful events organised
by your defendant, Jaimsí Mhichíl Liam.

Men, attend to your women, I tell you
and put an end to all hand festivals.

It is clear that the seed has been
stolen from this man, Tomás, and that
it won't be bestowed on him again
until he is prepared to undertake parenthood.

a cuireadh os mo chomhair anseo anocht:
a chailíní, cruinnithe anseo, is léir,
gan dabht, gur imríodh éagóir oraibh.

Tar éis dom an méid atá ráite ag an dá thaobh
a chloisteáil agus machnamh a dhéanamh
ar bhur gcásanna, faighim ciontach iad
na fir a cúisíodh anseo anocht:
Tomás, Peadar, Máirtín Bán.
Agus uncail Pheig nár luadh a ainm.

Beir greim ar an bhfear sin, Tomás,
nach bhféadfadh a bhean a thoirchiú.

Is maith a thuigim cé chomh tábhachtach
is atá sé leanbh a thabhairt ar an saol,
más é sin do mhian, agus, cé nár dhúradh
anseo anocht é, is léir go mbíonn an fear seo
ag breathnú ar na cláracha do dhaoine fásta
i gcomhluadar a chairde chomh maith.
Ós ag caint ar fheidhmiú gléasanna atáimid
caithfear ceisteanna a chur: cén fáth
nach mbíonn brí na beatha le fáil ina cheannsa?
Tá cloiste againn faoi na seónna uafásacha seo,
agus na heachtraí gránna eile a bhíonn á n-eagrú
ag bhur gcosantóir, Jaimsí Mhichíl Liam.

A fhir, tugaigí aire do bhur mná, deirim libh,
is bíodh deireadh leis na feiseanna láimhe.

Is léir gur goideadh an síol ón bhfear seo,
Tomás, is nach n-athbhronnfar air arís é
go mbeidh sé ullamh
tabhairt faoin tuismitheoireacht.

In the meantime, tie both his hands
behind his back, put a hood on him
and throw him in the corner. Do not
allow him watch television, or drink a drop
of alcohol. It would be facile of me
to suggest that he be fed fruit and vegetables
that would benefit his manhood.
But he must be taught a lesson
so that he learns how worthwhile
and effective his wife is.

As for Peadar, who has made careful
study of the same programmes,
it is clear he has more love for himself
than for his woman, Cáit, who gave him
her heart from the first day ever.
Restrain him also and throw him
into the opposite corner.

And, as for Máirtín who battered
Nóra, as mentioned earlier, I don't think there
is a tough enough punishment for his like.

I propose that he be taken from this court
and tied to the city's railings,
where the very same prostitutes,
also mentioned in this court here tonight,
and you, women of the tribe,
will be able to bestow on him a small
sample of the punishment he has given his wife.

Noble women, I leave it up to you
to decide the duration
of the punishment of these three –
Tomás, Peadar and Máirtín Bán –
and when it has been enforced I recommend

Idir an dá linn, ceangail a dhá lámh
taobh thiar dá dhroim, cuir púicín air
is caith sa gcúinne é. Ná lig dó breathnú
ar an teilifís, ná braon alcóil a ól.
Ba shaoráideach uaim a mholadh daoibh
é a chothú le torthaí is le glasraí
ar mhaithe lena fhireannacht.
Ach is gá ceacht a theagasc dó
le go bhfoghlaimeoidh sé cé chomh fiúntach
is chomh héifeachtach atá a bhean.

Maidir le Peadar, a bhfuil dianstaidéar
déanta aige ar na cláracha céanna,
is léir go bhfuil níos mó grá aige
dó féin seachas dá bhean, Cáit,
a thug a croí dó ón gcéad lá riamh.
Cuir bac airsean freisin
is caith sa gcúinne urchomhaireach é.

Agus, maidir le Máirtín a bhatráil
Nóra, mar a luadh níos túisce, ní dóigh liom
go bhfuil pionós sách dian ann dá leithéid.

Molaim daoibh é a thionlacan ón gcúirt seo
agus a cheangal de ráillí na cathrach,
áit a mbeidh na striapacha céanna
a luadh freisin sa gcúirt seo anocht,
agus sibhse, mná na treibhe,
in ann sampla beag den phionós
a thug sé dá bhean a bhronnadh air féin.

A mhná uaisle, fágaim fúibhse fad
tréimhse pionóis an triúir seo –
Tomás, Peadar agus Máirtín Bán –
a shocrú agus, nuair a bheidh sí
curtha isteach acu, molaim daoibh

they be required to undergo community service
for another while – say six months
at least – cleaning the city's sewers.

And make sure they can be identified
as they attend to these chores.
To this end, I recommend they be dressed
in turquoise blue suits that have cerise motifs
clearly dappled on them.

As for insulting Peig's child –
I don't believe I heard the like
in this court. The children
of this country are blessed,
no matter how they were born.
They have been brought into the world
and it is up to you to rear them. I wouldn't
bother heeding the defendant, Jaimsí Mhichíl Liam,
who spoke against the child
and who maligned his mother,
inciting the rabble against her.

Put him working for the community,
as well, as a ganger on the above trio.

It would appear that every problem
that was mentioned here cannot be cured;
there was a time when I would have proposed,
were your own ways to fail you, to heed the rules
of the state. But in this day and age it would be
impossible to decide which of these,
if any, would be of benefit to you.

Go over what I have said with care
because I will return again soon
to deal with the likes of that uncle.

iad a fhágáil i mbun seirbhís phobail
go ceann tréimhse eile – abair sé mhí
ar a laghad – ag glanadh shéaraigh na cathrach.

Agus déanaigí cinnte gur féidir iad
a aithint agus na tascanna seo idir lámha acu.
Chuige sin mholfainn daoibh iad a ghléasadh
i gcultacha turcaidghorma a mbeadh
móitífeanna silíneacha breactha go soiléir orthu.

Agus, maidir le leanbh Pheig a mhaslú –
ní chreidim gur chuala mé a leithéid
sa gcúirt seo. Is beannaithe iad
gasúir na tíre seo, is cuma
faoin gcaoi ar rugadh iad.
Tá siad tagtha ar an saol agus is fúibhse
cúram a dtógála. Ní fiú aird a thabhairt
ar an gcosantóir, Jaimsí Mhichíl Liam,
a labhair i gcoinne an linbh
agus a tharcaisnigh a mháthair,
ag gríosú an ghráscair ina coinne.

Cuirigí eisean ag obair don phobal freisin,
mar bhas ar an triúr thuasluaite.

Is cosúil nach féidir chuile fhadhb
a luadh anseo a réiteach; mholfainn daoibh,
tráth, dá dteipfeadh bhur nósanna féin oraibh,
aird a thabhairt ar rialacha an stáit.
Ach, san am i láthair, ba dheacair a shocrú
cé acu seo, má tá ceann ar bith ann,
a dhéanfadh aon mhaith daoibh.

Téigí siar go cúramach ar an méid
atá ráite agam mar fillfidh mé oraibh ar ball
le déileáil le leithéidí an uncail sin.

In the meantime, let there be an improvement
on the stories I have heard tonight.

Cheering and applause. The staff is banged on the ground. The ground shakes again. THE JUDGE *exits. The storm rises again.*

SÍLE: With that she began to move forward,
followed by her two minders.

The crowd let out a ferocious roar
and the hall was filled with applause.

ÁINE attacks JAIMSÍ.

SÍLE: The ground beneath us and the walls
around us shook as she walked out the door.
And as soon as she had gone, the women leapt
on Jaimsí, Tomás, Peadar and Máirtín Bán
who were then led out in cuffs
to begin their terms of punishment.

THE BAILIFF comes forward and stares at SÍLE.

SÍLE: I felt the keen eye of the bailiff
fall upon me. Not a syllable did she utter
but I well understood the words
conveyed in the depth of her look:
it was as though she were asking:

THE BAILIFF: *(hissing)*
What are you doing here
if it happens that all that you are is a teacher?
It's no longer possible to sit on the fence.
You are a witness who was present
at this court tonight, one
who understands the problems of our tribe.

Idir an dá linn, bíodh feabhas
ar na scéalta atá cloiste agam anseo anocht.

Gártha molta agus bualadh bos. Buailtear an bata ar an talamh. Critheann an talamh an athuair. Amach leis AN MBREITHEAMH. Éiríonn an stoirm an athuair.

SÍLE: Leis sin, thosaigh sí ag gluaiseacht chun tosaigh,
a friothálaithe lena cois.

Lig an slua gáir mholta as
is líon an halla le bualadh bos.

Ionsaíonn ÁINE JAIMSÍ.

SÍLE: Chrith an talamh fúinn, is na ballaí
thart orainn, agus í ar a bealach amach an doras.
A luaithe a bhí sí imithe, léim na mná
ar Jaimsí, Tomás, Peadar is Máirtín Bán.
Tarraingíodh amach i laincisí iad
le tús a chur lena dtéarmaí pionóis.

Anall leis AN MBÁILLE a stánann ar SHÍLE.

SÍLE: Bhraith mé súil ghéar an bháille
ag titim anuas orm. Siolla níor dhúirt sí
ach thuig mé go maith na focail
a bhí i nduibheagán a féachana,
mar a bheadh sí ag fiafraí díom:

AN BÁILLE: *(ag siosadh)*
Céard atá ar siúl agatsa anseo
más rud é nach bhfuil ionat ach múinteoir?
Ní féidir suí ar an gclaí níos mó.
Is finné thú a bhí i láthair
na cúirte anocht, duine
a thuigeann fadhbanna ár dtreibhe.

Do as befits a witness:
give an account of what you have seen
and of what you see every day,
besides printing innocent stories.

Exit THE BAILIFF. *The storm abates.*

SÍLE: The word kept spinning in my head:
witness! The duty of care
had fallen on me, was pulling
me down but what was I to do?
The worst thing of all was
that what she had said was true.

SÍLE *sits at her desk. A car horn is heard.*

SÍLE: It was then that I heard a horn
blow in the distance. The scales fell
from my eyes and I could see
that I was still sitting on my chair
a pile of pages in my fist
looking at the names:
Áine, Cáit, Nóra, Peig.

The car horn is heard again.

SÍLE: I heard the horn once more.
It was late – nearly seven –
and my other half was waiting
impatiently outside.

Perhaps I'd found release
from the problems of my students
in listening to the words of the judge.
But weren't these the very words
I'd often thought, the very problems
I'd often debated to myself,
the very punishments I'd like to mete out?

Déan mar is dual don fhinné:
tabhair fianaise ar a bhfuil feicthe agat
is ar a bhfeiceann tú chuile lá,
seachas scéalta soineanta a chur i gcló.

Amach leis AN MBÁILLE. *Ciúnaíonn an stoirm.*

SÍLE: Lean an focal ag casadh im' chloigeann:
finné! Bhí cúram na haire
th'éis titim orm, dom' tharraingt anuas
ach céard a dhéanfainn faoi?
An rud ba mheasa ar fad –
gurbh fhíor an méid a bhí ráite aici.

Suíonn SÍLE *ag a deasc. Cloistear adharc cairr.*

SÍLE: B'ansin a chuala mé adharc
ag séideadh i gcéin. Thit na scáileanna
dem' shúile is chonacthas dom
go raibh mé fós im' shuí ar mo chathaoir,
carn leathanach im' ghlac,
ag breathnú ar na hainmneacha:
Áine, Cáit, Nóra, Peig.

Cloistear an adharc arís.

SÍLE: Séideadh an adharc arís.
Bhí sé deireanach – beagnach a seacht –
is bhí mo leathbhádóir ag fanacht
go mífhoighneach lasmuigh.

Seans go raibh fuascailt faighte agam
ar fhadhbanna mo dhaltaí
is mé ag éisteacht le focail an bhreithimh.
Ach nárbh iadsan na focail chéanna
a smaoinínn go minic orthu,
na fadhbanna céanna a phléinn go minic,
na pionóis chéanna gur mhaith liom a ghearradh?

Like I was saying, all that I am is a teacher,
employed to teach literacy
and numeracy and social skills
to the oldest tribe in the country.

And what can I myself do
to improve the situation –
me that has no wish to poke my nose
into matters that are of no concern to me
when all that I am is a teacher?

SÍLE *reads from the poems, as before. Lights fade gradually to black.*

SÍLE: (1) My life changed the minute
his clan moved in next door. I began
to plan the wedding straight away.

(2) He was looking at me.
When I looked at him
he turned away.
I knew he liked me
And that's how it all began.

(3) All my life I searched for such a man.
I think of him all night long.
He is a man who would never do wrong.

END

Faoi mar a bhí mé ag rá, níl ionam
ach múinteoir a fostaíodh le litearthacht
is uimhearthacht is scileanna sóisialta
a theagasc don treibh is ársa sa tír.

Agus céard is féidir liomsa a dhéanamh
le feabhas a chur ar an scéal –
mise nach bhfuil ag iarraidh mo ladar
a chur i meadar gan suaitheadh,
mise nach bhfuil ionam ach múinteoir?

Léann SÍLE *na dánta mar a rinne sí cheana. De réir a chéile múchtar na soilse.*

SÍLE: (1) D'athraigh mo shaol an nóiméad
a bhog a chlann isteach béal dorais.
Thosaigh mé ag pleanáil na bainise ar an bpointe.

(2) Bhí seisean ag breathnú orm.
Ach nuair a bhreathnaigh mé air
thiontaigh sé uaim.
Bhí a fhios agam gur thaitin mé leis
agus b'in mar a thosaigh an rud uilig.

(3) Ar feadh mo shaoil chuardaigh mé a leithéid d'fhear.
Bím ag smaoineamh air ar feadh na hoíche.
Is fear é nach ndéanfadh tada mícheart riamh.

DEIREADH

Celia de Fréine is a poet, playwright, screenwriter and librettist who writes in Irish and English. She has published five collections of poetry: *Faoi Chabáistí is Ríonacha* (2001) and *Fiacha Fola* (2004) from Cló Iar-Chonnachta; *Scarecrows at Newtownards* (Scotus Press, 2005); *imram ¦ odyssey* (2010) and *Aibitír Aoise ¦ Alphabet of An Age* (2011) from Arlen House. Her poetry has won many awards including the Patrick Kavanagh Award (1994) and Gradam Litríochta Chló Iar-Chonnachta (2004). She has four times won Duais an Oireachtais for best full-length play. Arlen House published three of these plays in *Mná Dána* (2009). In the same year the Abbey Theatre presented a rehearsed reading of her play *Casadh* which it had commissioned. The short films *Lorg, Seal* and *Cluiche,* inspired by her poems, have been shown in festivals in Ireland and the US. In association with Biju Viswanath, she wrote the film *Marathon* which won best screenplay award at the New York International Film Festival in 2009. Also in 2009 *Living Opera,* in association with *Opera Ireland,* presented a showcase performance of the opera *The Earl of Kildare,* composed by Fergus Johnston, for which she wrote the *libretto.*

Further information: www.celiadefreine.com

Faoin Údar

Is file, drámadóir, scriptscríbhneoir agus leabhrógaí í Celia de Fréine. Tá cúig leabhar filíochta i gcló aici: *Faoi Chabáistí is Ríonacha* (2001) agus *Fiacha Fola* (2004) ó Chló Iar-Chonnachta, *Scarecrows at Newtownards* (Scotus Press, 2005); *imram ¦ odyssey* (2010) agus *Aibitír Aoise ¦ Alphabet of An Age* (2011) ó Arlen House. I measc na ngradam liteartha atá buaite aici dá cuid filíochta tá Duais *Patrick Kavanagh* (1994) agus Gradam Litríochta Chló Iar-Chonnachta (2004). Bhain sí Duais an Oireachtais do dhráma ilghníomh ceithre huaire. D'fhoilsigh Arlen House trí cinn de na drámaí seo in *Mná Dána* i 2009. Sa bhliain chéanna chuir Amharclann na Mainistreach i láthair léiriú cleachta den dráma *Casadh* a coimisiúnaíodh uaithi. Taispeánadh na gearrscannáin *Lorg, Seal* agus *Cluiche,* bunaithe ar dhánta léi, i bhféilte in Éirinn agus i Meiriceá i 2007 agus 2008. I gcomhar le Biju Viswanath scríobh sí an scannán *Marathon* a bhain an duais don script is fearr ag Féile Idirnáisiúnta Scannán Nua-Eabhrac i 2009. Sa bhliain 2009 léirigh *Living Opera,* i gcomhar le *Opera Ireland,* taispeántas den cheoldráma *The Earl of Kildare,* cumtha ag Fergus Johnston, ar scríobh sí an leabhróg dó.

Tuilleadh eolais: www.celiadefreine.com

Acknowledgements

Thanks to the Irish language editor, Fidelma Ní Ghallchobhair.

Admhálacha

Buíochas leis an eagarthóir Gaeilge, Fidelma Ní Ghallchobhair.